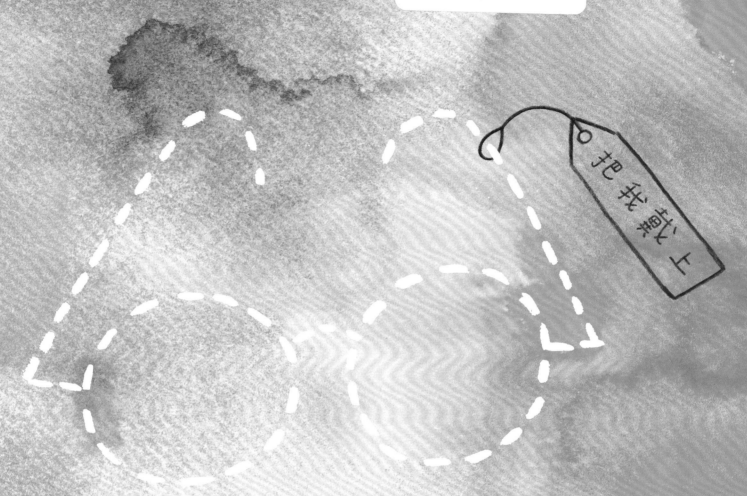

請拿起這付能發現「看不到的東西」
專用隱形眼鏡

獻給「點點」，
你為我們的生命帶來好多的愛、歡樂、希望和混亂。
—AJP & SM

看不到的小東西
一本幫助你了解自己也理解別人的神奇繪本

作　　者 / 安迪‧J‧比薩和蘇菲‧米勒
譯　　者 / 蔡祐庭
社　　長 / 陳蕙慧
總 編 輯 / 陳怡璇
副總編輯 / 胡儀芬
美術設計 / 陳宛昀
行銷企畫 / 陳雅雯
出　　版 / 木馬文化事業股份有限公司
發　　行 / 遠足文化事業股份有限公司（讀書共和國出版集團）
地　　址 / 231 新北市新店區民權路108-4 號8 樓
電　　話 / 02-2218-1417
傳　　真 / 02-8667-1065
Email / service@bookrep.com.tw
郵撥帳號 / 19588272 木馬文化事業股份有限公司
客服專線 / 0800-2210-29
法律顧問 / 華洋法律事務所　蘇文生律師
印　　刷 / 漾格科技股份有限公司
2023（民112）年 8 月初版一刷
2024（民113）年 8 月初版四刷
定　　價 / 400 元
I S B N 978-626-314-487-3
　　　　　978-626-314-492-7（PDF）
　　　　　978-626-314-493-4（EPUB）

看不到的小東西

一本幫助你了解自己也理解別人的神奇繪本

安迪·J·比薩和蘇菲·米勒

蔡祐庭 譯

歡迎你！親愛的讀者，
我猜你早就讀過
有關各種東西的書吧！
我猜你在書裡已經看過：

老鼠

熊

毛毛蟲

桃子

魚

豬者

小怪獸

樹

月亮

披薩

你或許以為自己什麼都看過了，對吧？

不不不！
這是一道陷阱題！
你不可能「**全都看過**」，
因為有些東西
是不會被看到的喔！

它們是**看不到的小東西**。
但別擔心，在這本書裡，你能瞧見那些隱形傢伙們。
說實話，眼睛沒看過的東西可多著呢！

要從哪裡開始呢？
從我們的感官出發吧！

摸一摸

聽一聽

嚐一嚐

透過運用身體的不同部位，
我們用各式各樣的方式去體驗，
和世界互動。

拿我們的耳朵來說，
透過聽覺，你會遇到很多看不到的東西，
例如：

狗吠聲

公雞叫

悄悄話

洗腦的歌曲

你覺得下面這些傢伙可能是什麼聲音？

你聽到了嗎？

你聽到了嗎？

等一下⋯

等一下⋯⋯⋯

誰在那裡？？

誰在那裡？

回音

看來，我們遇到「回音」了。
它就像是隻厚臉皮的模仿貓，
它們老愛重複所有你說過的話！
你以前或許在某個地方聽過回音，
找找看！有一隻「回音」正在你眼前呢！

這些是回音可能出沒的地方：

橋下

體育館

山上

展覽館

寺廟或教堂

停車場

洞穴

隧道

小小孩

想像一個夾子把鼻子夾緊。
味道也是種看不到的東西。

你甚至不想知道這傢伙到底是誰。它快臭死人了！

你覺得這些是什麼味道？

我們也可以用舌頭嚐一嚐
看不到的東西。

一根棒棒糖看起來真無聊，
「嚐」起來卻像彩虹魔法！

某些食物看起來挺可愛的，
但嚐起來一點也不可口，
像在吃腳丫子。

「看不到的東西」無法被看見，
但或許你已經透過觸覺**「感受到了」**。

舒適

涼颼颼

我們的觸覺很重要。

你知道嗎？擁抱一個朋友，
或摸摸你的寵物，
能讓你從裡到外都變得更舒服呢！

現在，試著閉上你的眼睛。
做個深呼吸，在腦子裡默數到十。
你注意到哪些「看不到的小東西」嗎？
你現在聽到、聞到、嚐到或感受到什麼呢？

拿出耐心來。有時候花一兩分鐘
才會慢慢發現「看不到的東西」。

你的內在也有些「看不到的小東西」。

這些「**感受**」有可能一次來一個，
或者冒出一大堆。

我們都喜歡快樂的感受。

歡喜

愛

希望

感謝

幸福

但有時候我們會感覺到其他感受，或者有某一種「心情」。

感同身受

如果你今天的心情有顏色，它會是什麼顏色呢？

有時候，你會感受到「場所」的心情。
一個場所的心情叫做「氣氛」。

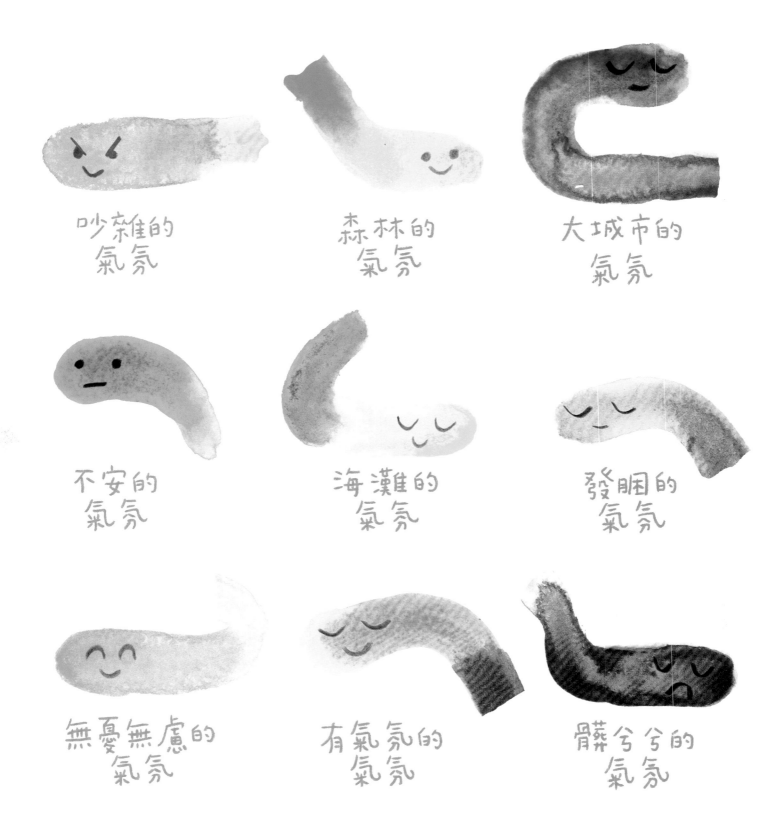

吵雜的
氣氛

森林的
氣氛

大城市的
氣氛

不安的
氣氛

海灘的
氣氛

發睏的
氣氛

無憂無慮的
氣氛

有氣氛的
氣氛

髒兮兮的
氣氛

你找到這九種氣氛了嗎？

有時候，有些東西會讓你分不出好或壞的感覺。
這些「東西」酷酷的，也挺怪的。

迷一本書　　令人發毛　　精靈　　妖怪

各種感受　　懷舊　　似曾相識　　癢

夢　　混亂　　遺失的東西　　古怪

舉「令人發毛」這傢伙來說，
它們喜歡待在黑暗角落裡蠢蠢欲動，讓你覺得不安。
這群傢伙看起來是一種不好的氣氛。
但別怕，它們其實還挺可愛的！

我希望這一頁不會嚇到你。
如果你怕怕，沒關係的！

恐懼

恐懼是一種不好受的「東西」，
但也是有用的「東西」。
它常提醒我們：要小心！

可是，當「恐懼」擋在對你有好處的事情前面，
例如：看牙醫或在課堂上舉手，
這時你會需要「膽子」。

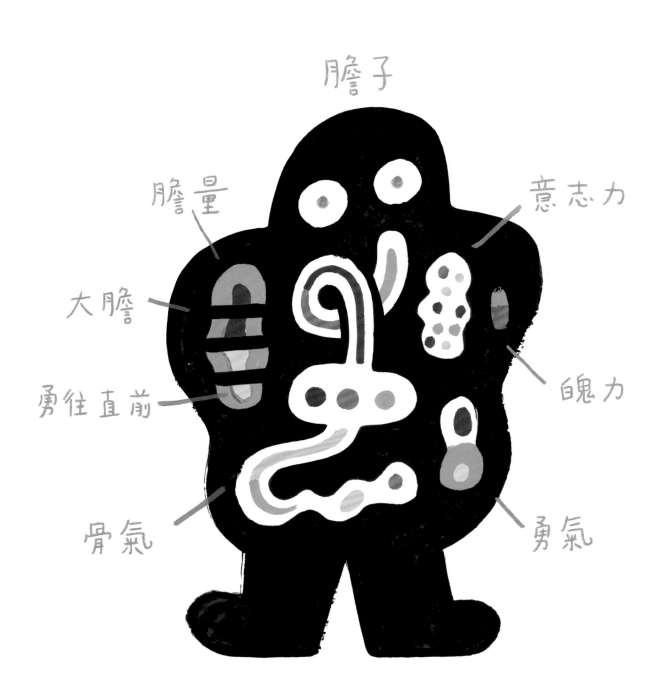

你記得整天都不開心的那些日子嗎？

你可能是被「憂鬱」包圍了。
你看不到但可以感受到它們。

有時候，你可以把它們甩開。

但有時候，
你只能和它們待在一起。

真奇怪，
一首悲傷的歌為什麼會讓我們感到
心滿意足呢？！

這是「多愁善感」做的好事。

有時候，下雨天來得正好。

躺一下，也很好。

呵呵呵 呵呵 呵呵

哈哈哈哈
哈哈哈!!

當你快悶死了， 我有個「妙點子」。
你可以試著假笑看看！
有時候假笑會變成真笑喔！
請跟著笑：

哇 哈哈！

哈！哈 哈！哈 嘻

小心！咯咯笑會快速傳染。
最好在失控前，趕快翻倒下一頁。

現在

哇，來了一大群的咯咯笑和好多不同的感受。
你知道嗎？感受會幫助我們了解自己也理解別人。
察覺和分享彼此的感受會幫助我們好過一點。

好，我們在這裡先暫停一下，
閉上你的眼睛，作個深呼吸，然後想想：

「我今天感覺怎麼樣？」

大概花個一分鐘的時間，
留意你心裡所有「看不到的小東西」。

感受圖鑑

歡喜　　　憂鬱　　　希望　　　感激

生氣　　　愛　　　恐懼　　　咯咯笑

膽子　　　擔心　　　同理心　　　廢話

留意這些感受，
也可以讓你的頭腦自在遨遊……

也讓你的生命充滿驚奇！

混亂

活力

數學

老是看見所有「看不到的小東西」
可能會有點辛苦。

但如果一次
注意其中一個或幾種，
那就不要緊。
現在，
你已經知道它們一直都在，
你一定能找到它們……

請記得不要只用眼睛看！

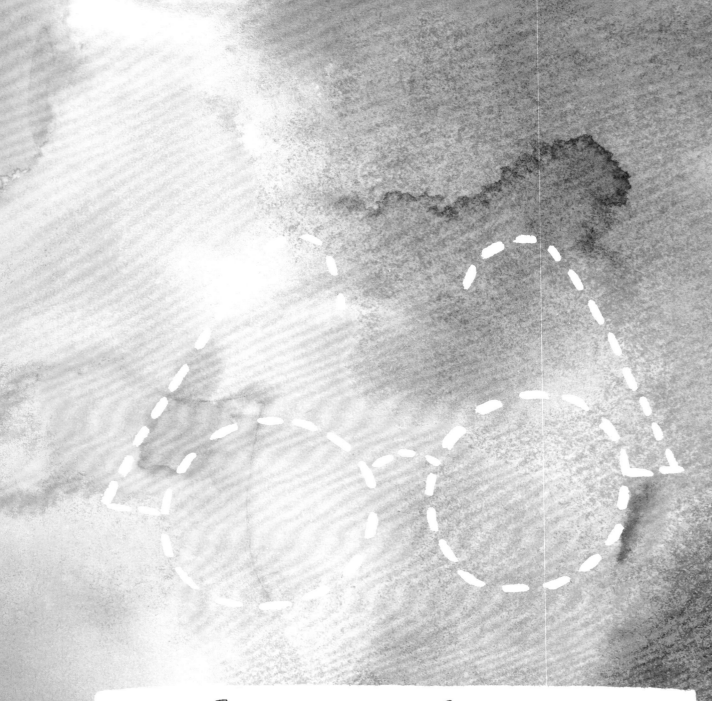

請歸還這付能發現「看不到的東西」
專用隱形眼鏡